글 지호진

대학에서 문학을 전공하고, 우리나라 전통문화 관련 잡지에서 기자 생활을 했어요. 지금은 어린이 책 전문 기획 작가로 활동하고 있어요. 그동안 쓴 책으로는 《역사야 친구하자 ❸, ❹》《아하! 그땐 이런 인물이 있었군요》《아하! 그땐 이런 경제생활을 했군요》《아하! 그땐 이런 문화재가 있었군요》《아하! 세계엔 이런 문명이 있었군요》《최고의 박물관을 찾아라》《최고의 과학관을 찾아라》《유물과 유적으로 보는 한국사》《유물과 유적으로 보는 세계사》《밤하늘 별 이야기》《한권으로 보는 그림 한국사 백과》《초등학생을 위한 e지식》《봄 여름 가을 겨울 별자리 이야기》 등이 있어요.

그림 한용욱

대학에서 동양화를 공부했어요. 프리랜서 일러스트레이터로 일하며 따뜻한 그림을 그리려고 노력하고 있어요. 그동안 그린 책으로는 《선녀와 나무꾼》《금도끼 은도끼》《꽃길》《숲이랑 놀아요》《옛 그림 속에 숨은 문화유산 찾기》《초등 저학년을 위한 처음 한국사》 등이 있어요.

교과연계	
1-2 바른생활	6. 사랑해요, 우리나라
2-2 바른생활	3. 아름다운 우리나라
5-2 사회	2. 새로운 문물의 수용과 자주독립
	3. 대한민국의 발전과 오늘의 우리

5 대한 독립을 위해 싸운 영웅 안중근

역사야, 친구하자

지호진 글 | 한용욱 그림

주니어김영사

글쓴이의 말

시끌벅적한 근현대 역사 속으로!

이번에 소라와 냐옹 씨와 함께 떠날 시대는 개화기와 일제 강점기를 거쳐 지금 우리가 살고 있는 대한민국까지예요. 개화기는 우리나라가 1876년 강화도 조약 이후로 서양의 문물을 받아들여 근대적 사회로 개혁되어 가던 시기예요. 이때 처음 전기가 들어와 어둠을 밝혔고, 전화와 전신 등 통신 시설과 자동차와 전차 등 교통 시설이 발달하여 생활 모습이 크게 변했어요. 또 학교나 병원을 서양식으로 지었고, 사람들의 옷차림새도 서양식으로 변했지요.

개화기에 조선은 서양의 문물을 받아들이는 한편 정치와 사회의 제도를 새롭게 고쳐 당당한 독립 국가의 모습을 갖추려고 했어요. 그래서 나라 이름을 대한 제국으로 바꾸었어요. 그러나 일본은 강한 군사력과 경제력을 내세워 우리나라의 주권을 빼앗았어요. 우리 국민은 빼앗긴 주권을 되찾기 위해 국내는 물론 해외에서도 독립운동을 벌여 나갔어요. 일본에게 나라를 다스릴 권리를 빼앗기고 강제로 일본의 지배를 당했던 이 시대를 '일제 강점기'라고 해요.

그러다 일본이 태평양 전쟁에서 패망하자, 1945년 8월 15일 우리 민족은 해방을 맞이했어요. 그러나 광복의 기쁨도 잠시, 한반도는 38선 기준으로 남한과 북한으로 나뉜 채, 두 개의 정부가 세워졌어요. 1950년 6월 25일에는 북한이 남한을 침략해 같은 민족끼리 총부리를 겨누는 한국 전쟁이 벌어졌지요. 한국 전쟁으로 수많은 사람이 죽고 나라는 잿더미가 되어 국민은 큰 혼란과 고통을 겪었어요. 그 뒤로 대한민국은 갖은 사건과 어려움을 이겨내며 정치·경제·사회·문화가 발달한 나라가 되기 위해 노력했어요.

자, 그럼 대한민국이 어떻게 지금의 모습으로 발전했는지 알아보기 위해, 역사 여행을 떠나 볼까요? 시끌벅적한 근현대의 역사 현장으로 출발!

지호진

차례

소라와 냐옹 씨, 근현대 역사 속으로 가다! 8

헤이그에 간 **특사들** 10

대한 독립을 위해 싸운 **안중근** 14

대한은 **자주 독립국**이다! 20

전국에 울려 퍼진 **3·1 운동** 26

총과 칼을 들고 일어난 **무장 독립 전쟁** 30

학생들의 외침, **6·10 만세 운동** 34

조국의 독립을 위해 평생을 바친 **김구** 40

어린이 사랑을 실천한 **방정환** 46

한민족의 비극, **한국 전쟁** 50

부정과 독재에 맞선 **4·19 혁명** 54

세계도 놀란 대한민국의 **경제 성장** 60

민주주의를 위해 거리로 나선 시민들 64

세계 평화의 장, **88 서울 올림픽** 70

금 모으기 운동과 **외환 위기 극복** 74

꿈은 이루어진다! **2002년 월드컵** 78

그때 우리나라와 다른 곳에서는 무슨 일이 있었을까? 82

소라와 냐옹 씨, 근현대 역사 속으로 가다!

소라가 교실에서 멍하니 창밖을 바라보고 있었어요. 소라의 단짝 친구 민서가 슬며시 다가와 말을 걸었어요.

"소라야, 너 걱정 있니? 무슨 생각을 그렇게 골똘히 하고 있어?"

"오늘 선생님이 내 준 숙제 때문에 그래."

"숙제? 아하, 통일 글짓기 때문에 그러는구나!"

"응. 통일에 대한 글짓기를 하려면 통일에 대해 알아야 하는데, 사실 나는 우리나라가 왜 남한과 북한으로 나뉘었는지 잘 모르거든."

"사실은 나도 잘 몰라. 그래서 집에 가서 엄마에게 물어보려고 해."

소라는 민서가 부러웠어요. 왜냐하면 소라 엄마는 소라가 역사에 대해 궁금한 것을 물어보면 바쁘다면서 책에서 찾아보라고만 말하기 때문이에요.

"소라야, 나 먼저 갈게. 학원 버스가 교문 앞에서 기다릴 거야."

"그래. 잘 가."

소라는 민서에게 인사를 하고 다시 창밖으로 고개를 돌렸어요. 그런데 운동장 철봉 아래 고양이 한 마리가 앉아 있는 것이 보였어요.

"어? 냐옹 씨?"

소라는 얼른 가방을 챙겨서 운동장으로 달려갔어요.

"소라야, 안녕?"

"반가워요, 냐옹 씨!"

소라는 냐옹 씨에게 선생님이 내 준 숙제에 대해 말했어요. 그러자 역사 박사 냐옹 씨가 소라의 손을 잡고 말했어요.

"우리가 직접 역사 현장으로 가 볼까?"

소라는 신이 나서 고개를 끄덕였어요. 냐옹 씨의 목에 걸린 방울에서 '딸랑딸랑' 소리가 나자, 소라와 냐옹 씨는 철봉 아래에서 사라졌어요.

헤이그에 간 특사들

"와! 여긴 멋진 서양식 건물이 많네요."

"여기는 진짜 서양이야. 저기 성당처럼 생긴 건물 안에서 여러 나라의 외교관들이 모여 회의를 하고 있지."

소라와 냐옹 씨가 도착한 곳은 네덜란드의 헤이그라는 도시였어요. 때는 1907년 6월 27일이었고요.

"그래서 거리에도 온통 외국 사람들뿐이군요. 그런데 저기 광장에서 동양 사람 세 명이 사람들에게 신문 같은 걸 나눠 주고 있어요!"

"저 세 사람은 대한 제국의 고종 황제가 보낸 외교관이야. 사람들에게 무엇을 나누어 주는지 가서 보자."

소라와 냐옹 씨는 건물 앞 광장에 있는 세 사람에게 다가갔어요.

대한 제국
1897년 조선의 제26대 왕인 고종이 일본 등 외국의 간섭에서 벗어나 새로운 국가의 모습을 보여 주기 위해 바꾼 나라 이름이에요. 대한 제국의 대한은 '큰 한민족'이란 뜻이며, 제국은 '황제가 다스리는 큰 나라'라는 뜻이지요.

만국 평화 회의
네덜란드 헤이그에서 두 차례 열린 국제 평화 회담이에요. 제1차는 1899년 26개국, 제2차는 1907년 44개국이 참가해 군사 시설을 줄이고 평화를 유지하는 방법에 대해 의논했어요.

"아저씨들, 여기서 뭐 하고 계세요?"

"우리는 고종 황제에게 특별 임무를 받고 대한 제국을 대표해 이곳에 왔어."

"저 건물에서 열리는 만국 평화 회의에 참석해 세계 각국의 외교관들에게 을사조약이 무효라는 것을 알리려고 했는데, 일본의 방해 때문에 참석하지 못했단다."

"그래서 을사조약은 엉터리 조약이라는 것과 대한 제국의 독립을 인정해 달라는 내용이 담긴 문서를 이곳에 온 외교관과 기자들에게 나누어 주고 있는 거야."

세 사람은 소라에게 그들이 이곳에 온 목적을 이야기해 주었어요.

소라는 일본에게 우리나라의 주권을 빼앗겼다는 것이 몹시 분했어요. 그리고

나라를 위해 이렇게 먼 곳까지 와서 애쓰는 세 사람을 보고 크게 감동했어요.

"아저씨, 저도 아저씨들과 함께 사람들에게 문서를 나누어 줄래요."

소라는 을사조약이 무효라는 것을 다른 나라 사람들이 꼭 알아주길 바라는 마음으로 문서를 돌렸어요. 대한 제국의 독립을 호소하는 특사들과 소라의 애국심은 어느 때보다 뜨거웠지요.

을사조약

1905년 을사년에 러·일 전쟁에서 승리한 일본이 대한 제국의 외교권을 박탈하기 위해 강제로 체결한 조약이에요. 헤이그 특사들은 이 조약에 고종의 도장이 찍히지 않았기 때문에 무효라고 주장했어요. 결국 일본은 이 조약을 성사시킨 뒤 통감부를 설치하고 조선에 노골적으로 간섭했어요.

대한 독립을 위해 싸운 안중근

소라와 냐옹 씨가 헤이그에서 순간 이동을 해서 도착한 장소는 아주 오래된 듯한 벽돌 건물 앞이었어요.

"학교 같기도 하고, 허름한 공장 같기도 하고. 분위기가 좀 이상해요."

소라는 겁을 먹은 표정으로 건물을 둘러보았어요. 냐옹 씨가 건물을 가리키며 말했어요.

"이곳은 원래 감옥이었단다. 건물의 창문을 모두 두꺼운 창살로 막아 놓은 게 보이지?"

"저희가 왜 감옥에 왔어요? 여긴 어디예요?"

"숨차니까 하나씩 물어봐. 여기는 중국 랴오닝 성 다롄시 뤼순에 있는 뤼순 감옥이야. 우리가 이곳에 온 이유는 우리나라의 독립을 위해 목숨을 바친 한 애국자의 숨결을 느끼기 위해서지."

"그 사람이 누군데요?"

"을사조약을 맺어 우리나라가 일본에 넘어가는 데 가장 큰 역할을 한 일본인 이토 히로부미를 하얼빈 역에서 총으로 쏘아 죽인 사람이야."

"아! 안중근 의사가 저 감옥에 있었군요."

"그걸 알다니 제법이야!"

뤼순 감옥

중국 라오닝 성 다롄시 뤼순에 있는 일제 시대 형무소예요. 1909년 독립운동가 안중근이 수감되어 순국한 곳이지요. 역사학자이자 독립운동가인 신채호도 이곳에 수감되었다가 옥사했어요. 1945년 중국 정부는 이곳을 형무소로 사용하는 것을 중지하고 1971년 전시관으로 꾸며 일반인에게 개방했어요. 1988년에는 뤼순 감옥을 국가 중점 역사 문화재로 지정했어요.

안중근

1879년 황해도 해주에서 태어났어요. 1904년 평양에서 상점을 운영하다 을사조약으로 나라가 주권을 잃게 되자, 상점을 팔아 학교를 세웠어요. 나라의 인재를 키우는 데 힘쓰다가 1907년 연해주로 건너가 의병 활동에 참가했어요. 1909년 조선을 일본의 식민지로 만드는 데 앞장선 이토 히로부미를 만주 하얼빈 역에서 사살했어요.

"안중근 의사는 이토 히로부미를 죽이고, 뤼순에 있는 일본의 법원에서 여섯 번이나 재판을 받았어. 재판장에는 판사도 일본인, 검사도 일본인, 변호사도 일본인, 통역관도 일본인, 방청인도 일본인, 모두 일본인뿐이었지."

"그런 재판이 어디 있어요? 순 엉터리 재판이었네요."

소라가 분하다는 표정으로 말했어요.

"결국 안중근 의사는 사형 선고를 받았고, 1910년 3월 26일 이곳 뤼순 감옥에서 죽음을 맞이했어. 안중근 의사는 사형을 당하기 전날 동생에게 다음과 같은 유서를 남겼대."

'내가 죽은 뒤에 나의 뼈를 하얼빈 공원 곁에 묻어 두었다가 우리 국권이 회복되거든 고국으로 옮겨 다오. 나는 천국에 가서 또한 마땅히 우리나라의 독립을 위해 힘쓸 것이다.'

소라는 언제부턴가 고개를 숙이고 묵묵히 냐옹 씨의 이야기를 듣기만 했어요.

"소라야, 왜 아무 말 없이 고개만 숙이고 있니?"

냐옹 씨가 소라에게 물었어요.

"나라를 위해 목숨을 바친 안중근 의사의 희생에 고개가 저절로 숙여져요."

소라와 냐옹 씨는 묵념을 하고 뤼순 감옥 주변으로 빨갛게 노을이 질 무렵 다음 장소로 떠났어요.

 깊이 보기

나라를 살리기 위한 국채 보상 운동

일본은 대한 제국과 강제적으로 을사조약을 맺고 외교권을 빼앗았어요. 그 뒤에는 경제권을 빼앗을 속셈으로 대한 제국에게 무조건 일본 은행에서 돈을 빌려 쓰라고 했지요. 대한 제국은 어쩔 수 없이 일본 은행으로부터 돈을 빌렸어요. 하지만 그 돈은 나라의 근대화를 위해 사용할 수 없었어요. 일본이 설치한 통감부에서 대한 제국을 침략하기 위한 시설에 투자하거나, 대한 제국에 사는 일본인들을 위한 시설을 세우는 데에만 사용했기 때문이에요.

결국 대한 제국은 2년 사이에 일본 은행에 1650만 원 정도의 빚을 지게 되었어요. 당시 1650만 원은 엄청나게 큰돈으로 대한 제국은 이 돈을 갚을 수 있는 능력이 없었어요. 그런데 빚을 갚지 않으면 해마다 이자가 엄청나게 늘어나 대한 제국은 망할 형편이었지요.

이 소식을 들은 우리 국민은 국가가 진 빚인 국채를 갚자는 운동을 벌였어요. 이 운동이 바로 '국채 보상 운동'이에요. 가장 먼저 국채 보상 운동이 벌어진 곳은 경상북도 대구예요. 1907년 1월 29일 광문사라는 출판사에서 열린 모임에서 사장 김광제와 그 모임에 참석한 사람들이 2000원 정도의 돈을 모았어요. 그 일을 계기로 전국적으로 국채 보상 운동이 활발하게 펼쳐졌지요. 약 3개월 동안 수많은 국민이 참여해 230만 원 이상의 돈을 모았어요. 이를 보고 놀란 통감부는 국채 보상 운동을 벌이는 사람들을 누명을 씌워 감옥에 가두는 등 방해를 했지요. 그 바람에 국채 보상 운동은 얼마 가지 않아 끝이 났어요.

대한은 자주 독립국이다!

펑 소리와 함께 소라와 냐옹 씨는 사람들이 북적이는 어느 건물 안에 도착했어요.

"와! 건물 안에 사람들이 많이 모여 있어요. 그런데 모두 중·고등학생 언니 오빠들이 입는 교복을 입고 있어요."

"이곳은 일본의 수도인 도쿄에 있는 조선 기독 청년 회관이야. 이곳에 모인 사람들은 모두 대한 제국에서 온 유학생들이지."

소라와 냐옹 씨는 대한 제국의 청년들이 이곳에 모여서 무엇을 하는지 살펴보았어요. 그때 한 학생이 탁자 앞으로 나아가 큰 소리로 말했어요.

"일본은 거짓말과 폭력으로 한국을 강제로 병합했다. 일본이 한국에 대한 식민지 통치를 계속한다면 한민족은 목숨을 내놓고라도 일본과 싸울 것이다."

"만세! 대한 독립 만세!"

수백 명의 학생들이 힘차게 만세를 외쳤어요.

"언니 오빠들이 하는 말이 무슨 말인지 잘 모르겠어요."

조선 기독 청년 회관
일본의 도쿄 시내에 있던 건물로 기독교를 믿는 대한 제국 청년들의 모임을 위한 곳이에요. 1919년 이곳에서 유학생들이 '2·8 독립 선언'을 발표했어요. 1923년 간토 대지진 때 불타 사라져 주변의 다른 건물로 옮겨졌어요. 지금은 빌딩이 들어서 있고 사방으로 차량이 다니는 곳이 되었어요.

"대한 제국은 1910년에 강제로 일본과 '한일 병합 조약'을 맺었어. 일본이 직접 대한 제국을 다스리겠다는 내용의 조약이야. 이 조약을 맺은 뒤 대한 제국은 국권을 빼앗기고 일본의 식민지가 되었어."

"식민지가 뭔데요?"

"식민지는 한 나라가 정치, 경제, 군사, 문화적으로 다른 나라의 지배를 받는 것을 말해. 그래서 이렇게 한국 학생들이 일본의 지배를 반대하면서 한국이 독립 국가라고 외치는 거야."

소라는 우리나라가 일본의 지배를 받았다는 사실이 믿기지 않았어요.

"오늘은 1919년 2월 8일이야. 이날 일본에 있는 한국 유학생들이 나라의 독립을 외쳤다고 해서 '2·8 독립 선언'이라고 한단다. 그리고 이 선언의 영향을 받아 한국과 세계 방방곡곡에 우리 민족의 '대한 독립 만세' 소리가 울려 퍼지게 되었지."

냐옹 씨의 말을 듣던 소라가 두 손을 불끈 쥐며 말했어요.

"나라의 독립을 위해 앞장선 언니 오빠들이 너무나 자랑스러워요. 저도 언니 오빠들과 함께 '대한 독립 만세'를 외칠래요."

"소라야, 넌 너무 어려서 이곳에 있는 사람들이 이상하게 생각할지도 몰라. 다음 장소로 가서 '대한 독립 만세'를 힘차게 외치자."

냐옹 씨가 방울을 흔들자 소라와 냐옹 씨는 그 자리에서 사라졌어요.

한일 병합 조약

1910년 8월 22일에 일본과 일본의 지시를 따르는 대한 제국의 총리대신 이완용이 맺은 조약이에요. 주요 내용은 '대한 제국의 황제가 나라를 다스리는 통치권을 일본 황제에게 넘겨 주며, 일본 황제는 이를 받아들여 한국을 일본 제국에 병합한다'는 것이에요. 병합은 둘 이상의 나라가 하나로 합쳐지는 것을 말해요. 이 조약으로 조선 왕조는 519년 만에 멸망하고 일본의 식민지가 되고 말았어요.

넌 너무 튄다니까. 일단 가자!

 깊이 보기

2·8 독립 선언에 영향을 준 민족 자결주의

1914년부터 1918년까지 세계에서 힘 있는 나라들은 더 많은 식민지를 차지하기 위해 연합국과 동맹국으로 나뉘어 전쟁을 벌였어요. 이 전쟁이 제1차 세계 대전이에요. 이때 연합국은 영국, 프랑스, 러시아, 미국 등이고 동맹국은 독일, 오스트리아 등이었어요. 일본은 영국과 동맹을 맺어 연합국 쪽에 속해 있었지요.

전쟁이 연합국의 승리로 끝나갈 무렵인 1918년 1월 8일, 미국의 윌슨 대통령은 전쟁을 마무리하기 위한 14가지 평화 원칙을 발표했어요. 1919년 1월 18일부터 제1차 세계 대전에서 승리를 한 나라들은 이 원칙을 따랐어요. 평화 원칙에는 '각 민족은 정치적 운명을 스스로 결정할 권리가 있으며, 다른 민족의 간섭을 받을 수 없다'는 사상이 담겨 있었어요. 이 사상을 '민족 자결주의'라고 해요.

민족 자결주의에 따라 제1차 세계 대전에서 패한 독일, 오스트리아 등의 식민지였던 여러 민족이 독립을 이루었어요. 그리고 이 일은 당시 강대국들의 지배를 받던 많은 민족이 큰 희망과 용기를 갖고 스스로 독립을 이루기 위한 운동을 펼칠 수 있는 힘이 되었지요. 당시 일본의 지배를 받던 우리나라의 2·8 독립 선언과 3·1 운동도 바로 민족 자결주의의 영향을 받아 일어난 독립운동이에요.

전국에 울려 퍼진 3·1 운동

탑골 공원

서울시 종로 2가에 있는 공원이에요. 이 공원은 원래 조선 세조 때에 세워진 원각사가 있던 곳으로 1897년에 영국인 고문 브라운이 설계해서 세운 우리나라 최초의 공원이에요. 3·1 운동 때 독립 선언문을 낭독한 곳이며, 원각사지, 팔각정, 13층 탑 등이 남아 있어요. '파고다 공원'이라고도 하는데, 파고다는 서양 사람들이 동양의 불탑을 일컫는 말이에요.

"대한 독립 만세!"

"대한 독립 만세!"

여기저기서 울려 퍼지는 우렁찬 함성에 소라와 냐옹 씨는 깜짝 놀랐어요.

"지금은 1919년 3월 1일 오후 3시야. 이곳은 서울 종로에 있는 파고다 공원 앞이고."

"파고다 공원이오?"

"지금의 탑골 공원이란다."

사람들은 가슴에 품은 태극기를 한 손에 꺼내 들고 '대한 독립 만세'를 외치며 거리를 행진했어요. 때마침 고종 황제의 장례식에 참석하기 위해 지방에서 올라온 많은 사람이 함께 만세를 불렀어요.

"와, 태극기다! 드디어 우리나라의 국기인 태극기가 나타났네요."

"이렇게 우리 국민들이 1919년 3월 1일에 일본의 지배와 탄압에 맞서 독립을 외치며 평화적인 행진을 벌인 것을 3·1 운동이라고 한단다."

그러자 소라가 고개를 끄덕이며 말했어요.

"3월 1일에 일어난 운동이라서 3·1 운동, 그리고 이 3·1 운동을 기념하는 날이 삼일절이죠?"

"그렇지!"

냐옹 씨와 소라도 덩달아 두 손을 번쩍 들어 만세를 외쳤어요.

유관순

1902년 11월 17일 충남 천안에서 태어났어요. 1919년 3·1 운동이 일어나자 학생들과 함께 거리에 나가 만세 운동을 벌였고, 3월 10일에 일본이 모든 학교에 임시 휴교령을 내리자 고향으로 내려가 병천, 목천, 천안, 안성, 진천 등의 학교와 교회를 찾아다니며 만세 운동을 벌일 것을 계획했어요. 4월 1일 아우내 장터에서 3000여 명의 사람들에게 태극기를 나누어 주며 만세 운동을 지휘했어요.

"펑!"

그 순간 소라와 냐옹 씨가 이동한 곳은 어느 시골의 장터였어요. 멀리 산등성이에 빨간 해가 막 떠오른 이른 아침이었지요. 그때 장터에 나온 사람들에게 한 여학생이 태극기를 나누어 주고 있었어요.

"여기는 아우내 장터, 지금의 충청남도 천안시 병천면에 있는 곳이야. 사람들에게 태극기를 나누어 주는 여학생은 유관순이란다."

"유관순 언니!"

소라가 큰 소리로 유관순을 불렀어요.

이때 유관순의 목소리가 장터에 크게 울려 퍼졌어요.

"우리 모두 태극기를 흔들며 '대한 독립 만세'를 외칩시다!"

장터에 나온 사람들은 유관순과 함께 '대한 독립 만세'를 외치며 거리를 행진했어요. 만세 소리는 장터가 떠나갈 듯이 쩌렁쩌렁 울렸어요.

"오늘은 1919년 4월 1일, 3·1 운동이 일어난 지 꼭 한 달 뒤야. 잠시 뒤 끔찍한 일이 벌어질 거야. 이날 일본 헌병들이 사람들을 향해 닥치는 대로 총을 쏘고 칼을 휘둘렀어. 그 총에 맞아 많은 사람이 목숨을 잃었지."

목숨이 아깝거든 태극기를 내려놓아라!

"유관순 언니는 어떻게 되는데요?"

"부상을 당한 채 체포되어 공주 재판소로 가고, 다시 서대문 형무소로 끌려가서 갇혀 지낸단다. 그곳에서도 '대한 독립 만세'를 외치다 그만 숨을 거두고 말지. 열아홉 살의 나이에 말이야."

소라는 '대한 독립 만세'를 외치는 유관순의 모습을 더는 쳐다볼 수가 없었어요. 가슴이 너무 먹먹해져서 아무 말도 할 수 없었고요.

총과 칼을 들고 일어난 무장 독립 전쟁

"탕, 탕, 탕, 탕, 탕, 탕."

소라와 냐옹 씨가 도착한 곳은 커다란 나무 위였어요. 귀가 따가울 정도로 사방에서 총소리가 들렸어요.

"여기는 봉오동 전투가 벌어지고 있는 봉오동 골짜기야. 봉오동은 두만강 건너 만주 지역으로 지금의 중국 지린 성 허룽현에 있어. 홍범도 장군이 이끄는 대한 독립군 부대가 일본군을 포위해서 공격하는 중이란다."

"독립군이 뭐예요?"

"독립군은 일본에게 빼앗긴 국권을 찾기 위해 1920년대에 일본에 무력으로 맞서 싸운 군대야."

봉오동 전투

1920년 만주 봉오동에서 독립군 부대가 일본군을 크게 무찌른 싸움이에요. 일본군은 독립군의 활동을 막기 위해 대한 독립군이 주둔하고 있던 봉오동을 습격했어요. 그러나 홍범도가 이끄는 대한 독립군은 이를 미리 알고 대비하여 큰 승리를 거두었어요.

"독립군! 드디어 우리 조상들이 독립을 위해 총을 들었군요."

"그래. 3·1 운동이 일어난 뒤에 많은 애국지사가 만주 지역으로 건너가 군대를 조직하고 독립 전쟁을 벌였어. 봉오동 전투는 독립군이 벌인 독립 전쟁 중에 가장 큰 성과를 올린 전투 중의 하나란다."

무장 독립 전쟁

3·1 운동 이후 독립군이 만주, 간도, 연해주 등지에서 일본군과 일본 경찰을 공격하며 독립을 위한 투쟁을 벌인 것을 말해요.

설마 저 총으로 우릴 공격하려는 건 아니겠지?

저 사람들은 신식 무기를 가진 일본군보다 더 무섭다는 조선의 독립군이야!

"저기 일본군이 도망치는군. 독립군이 큰 승리를 거둔 것 같다."
"와! 독립군 만세!"
소라는 도망치는 일본군의 꽁무니라도 구경하려고 나무 위에서 고개를 삐죽 내밀었어요.
"우리나라 독립군은 정말 대단해요!"
"독립군이 일본에 맞서 큰 승리를 거둔 독립 전쟁이 또 있단다."
"알려 주세요. 궁금해요!"

"봉오동 전투가 독립군의 큰 승리로 끝나자, 일본군은 이를 갈고 독립군을 토벌할 계획을 세웠어. 그해 10월 일본군이 독립군을 쳐부수러 간도에 나타나자 독립군 부대는 청산리 일대에서 일본군과 치열한 전투를 벌였지."

"독립군이 이겼나요?"

"그래. 김좌진 장군의 부하 600명과 홍범도 장군의 부하 300명이 일본군 1300여 명을 무찔렀다고 해."

"와, 독립을 향한 독립군의 의지가 정말 대단했나 봐요!"

"그렇고말고. 외국뿐 아니라 국내에서도 우리 민족의 독립 의지는 점점 높아져 갔단다. 자, 그럼 다시 대한 제국으로 가 볼까?"

청산리 전투

1920년 10월 21일부터 6일 동안 김좌진이 이끄는 북로 군정서, 홍범도의 대한 독립군, 안무의 국민군 등 독립군 연합 부대의 약 2000여 명이 독립군을 토벌하기 위해 간도에 온 일본군을 청산리 일대에서 크게 무찌른 전투예요.

학생들의 외침, 6·10 만세 운동

순종

조선의 제27대 왕으로 1874년에 고종과 명성 황후 사이에서 태어났어요. 대한 제국 황제의 자리에 올랐으나 일본이 세운 허수아비나 다름없는 황제였어요. 조선이 일본에게 강제 합병당한 뒤 창덕궁에 머물다가 53세의 나이로 세상을 떠났어요.

"어? 이곳은 얼마 전에 왔던 곳 같아요."

소라와 냐옹 씨가 도착한 곳은 서울의 종로였어요.

"그렇단다. 이곳에서 3·1 운동이 일어났지. 우리도 이곳에서 만세를 불렀잖아."

창덕궁 돈화문에서 나온 긴 상여 행렬이 그곳을 지나가고 있었어요.

"왕이 행차를 하나 봐요? 사람들이 큰 가마를 줄줄이 따라가고 있어요."

"저 가마는 상여란다. 조선 왕조의 마지막 임금이자 대한 제국의 황제였던 순종의 장례를 치르는 중이지."

"조선 마지막 임금의 장례라고요?"

"1926년 6월 10일, 오늘이 바로 순종 임금의 장례일이자 6·10 만세 운동이 일어난 날이란다."

"6·10 만세 운동? 이곳에서 다시 만세 운동이……."

소라가 말끝을 채 맺기도 전에 어디선가 '대한 독립 만세' 하는 소리가 울려 퍼졌어요. 그리고 여기저기서 종이가 날아올랐다가 사방으로 흩어졌어요.

거리에 뿌려진 종이에는 '우리 교육은 우리 손으로', '일본 제국주의를 타파하자'라는 글귀가 인쇄되어 있었어요. 그리고 곧이어 어디선가 학생들이 우르르 몰려나와 '대한 독립 만세'를 외치며 거리에 나온 사람들에게 태극기를 나누어 주었어요.

"마치 3·1 운동이 다시 일어난 것 같아요."

소라의 말에 냐옹 씨가 고개를 끄덕이며 말했어요.

"정말 그렇구나! 오늘의 만세 운동은 6월 10일에 일어난 운동이어서 6·10 만세 운동이라고 불러."

6·10 만세 운동

1926년 6월 10일 순종의 장례일에 일부 민족 단체와 학생들이 벌인 독립 운동이에요. 서울의 학생들이 중심이 되어 거리에 나온 사람들에게 태극기를 나누어 주며 함께 만세를 불렀어요.

"3·1 운동은 3월 1일에, 6·10 만세 운동은 6월 10일에 일어났군요."

"6·10 만세 운동은 학생들의 만세 운동으로 시작해 시민들도 함께한 시위란다. 3·1 운동 이후 침체되었던 우리나라의 여러 가지 민족 운동에 영향을 주었어. 3년 뒤에 일어난 광주 학생 항일 운동도 6·10 만세 운동이 발판이 되었지."

"광주 학생 항일 운동? 또 언니 오빠들이 독립을 위해 운동을 벌였어요?"

"응. 소라야, 곧 일본 무장 경찰들이 만세 운동을 하는 사람들을 무자비하게 진압할 거야. 그보다 우리가 먼저 사람들의 발길에 치여 죽을 것 같구나……."

"냐옹 씨, 어서 방울을 흔들어요!"

 깊이 보기

광주 학생 항일 운동은 왜 일어났을까?

1929년 10월 30일 오후, 광주 여자 보통학교 3학년 박기옥 등 한국인 여학생이 일본 남학생들에게 놀림을 당했어요. 그 모습을 본 박기옥의 사촌동생 박준채 등 한국 남학생들과 일본 남학생들 사이에 싸움이 벌어졌지요. 당시 현장에 있던 일본 경찰은 일방적으로 일본 학생들의 편을 들었고, 일본 신문도 일본 학생들의 편을 들어 사건을 보도했어요.

1929년 11월 3일, 이 소식을 듣고 분노한 광주 학생들과 일본 학생들 사이에 다툼이 일어났고, 나아가 광주를 중심으로 전라도 지역의 학생들과 일본 학생들의 다툼으로 번져갔지요.

'일본 학생이 우리 한국 여학생을 희롱한 것도, 일본 경찰과 신문사가 일방적으로 일본 학생들 편을 드는 것도 모두 우리나라가 주권을 일본에게 빼앗겼기 때문이야. 독립을 하면 이런 일도 없을 거야.'

우리나라 학생들은 이런 생각을 하며 '대한 독립 만세'를 외쳤고, 선생님들과 민족 지도자들은 학생들이 일본에 투쟁하는 것을 격려하고 도와주었어요. 사태가 커지자 일본 경찰은 한국인 학생들을 잡아들이고 학생들의 독립운동을 억누르려 했어요. 하지만 학생들은 물러서지 않고 일본의 지배를 반대하는 운동을 더욱 적극적으로 펼쳐 나갔어요. 광주 학생 항일 운동은 광주뿐 아니라 나주, 목포, 서울로 번져나가 전국 학생들이 참여하는 운동으로 발전했어요.

1953년, 광주 학생 항일 운동의 정신을 기념하기 위해 매년 11월 3일을 '학생의 날'로 제정했어요. 2008년에는 '학생 독립운동 기념일'로 이름이 바뀌었어요.

조국의 독립을 위해 평생을 바친 김구

임시 정부

1919년 3·1 운동 후 국내와 국외에서 활동을 하던 한국의 독립운동가들, 민족 지도자들, 지식인들이 독립운동을 전개하기 위해 중국 상하이에 세운 정부예요. 1945년 8·15 광복 때까지 국내외 독립운동을 총괄하는 최고 기관으로 활약했으나, 국제 사회에서는 정식 정부로 인정받지 못했어요.

소라와 냐옹 씨가 도착한 곳은 어느 3층 건물 앞이었어요. 건물의 생김새를 보니 요즘 흔히 볼 수 있는 건물이 아니었어요. 그렇다고 기와집이나 초가집 같은 옛날 집도 아니었고요.

"이곳은 또 어디예요?"

소라가 묻자 냐옹 씨가 대답했어요.

"이곳은 중국의 상하이, 이 건물은 대한민국 임시 정부란다."

"말도 안 돼! 대한민국 정부가 왜 우리나라 땅이 아닌 중국에 있어요? 그것도 이렇게 코딱지만 한 건물에!"

"임시로 만든 정부니까."

"임시 정부요?"

"그래. 이곳에 우리가 꼭 만나야 할 사람이 있어. 바로 김구 선생님이야."

"어? 김구는 많이 들어 본 이름인데……."

냐옹 씨는 소라를 데리고 임시 정부 건물로 들어섰어요. 어느 방 앞에서 문을 두드리자 동그란 안경을 낀 할아버지가 문을 열어 주었어요.

"오, 냐옹 씨! 오랜만이군요."

"네. 김구 선생님. 잘 지내셨지요? 옆에 있는 이 어린이는 제 친구 소라예요."

"소라 학생, 안녕하세요? 이름이 예쁘군요!"

"할아버지, 안녕하세요?"

소라가 꾸벅 김구에게 인사를 하자, 김구는 껄껄껄 웃으면서 말했어요.

"아직 할아버지 소리를 들을 나이는 아니랍니다. 허허허. 김구 아저씨라고 불러 주세요."

그때 전화벨이 울렸어요. 김구는 전화를 받자마자 나갈 준비를 서둘렀어요.

"한인 애국단 일로 잠시 외출을 해야 될 것 같군요. 나중에 또 봅시다."

소라가 냐옹 씨에게 물었어요.

"한인 애국단이 뭐예요?"

"김구 선생님이 조직한 독립운동 단체인데 나라의 독립을 위해 일하던 비밀 단체야. 이봉창 의사와 윤봉길 의사는 한인 애국단의 단원인데, 김구 선생님의 지시를 받아 목숨을 바쳐 일본의 주요 인물을 암살하는 일을 벌였지."

"우리나라에는 독립을 위해 목숨까지 바친 사람들이 정말 많군요. 독립 투사들의 이야기를 들으면 저절로 고개가 숙여져요."

이봉창

1900년 서울에서 태어났어요. 25세 때 일본으로 건너가 철공소 직원으로 일하던 중 독립운동에 몸을 바치기로 결심했어요. 1931년에 중국 상하이로 건너가 한인 애국단에 가입해 1932년 1월 8일 도쿄 요요기 연병장에서 행사를 마치고 돌아가는 히로히토 일왕에게 수류탄을 던졌어요. 그 일로 체포돼 그해 10월 10일 일본의 이치가야 형무소에서 죽음을 맞았어요.

"소라야, 우리도 이만 다른 인물을 만나러 떠날까?"

"네, 좋아요!"

> **윤봉길**
> 1908년 충남 예산에서 태어났어요. 농촌 계몽 운동에 힘쓰다 23세 때 상하이로 가서 한인 애국단에 가입했어요. 1932년 4월 29일, 상하이 홍커우 공원에서 폭탄을 던져 육군 대장 시라카와 등 일본의 주요 인물들을 죽이거나 큰 부상을 입혔어요. 1932년 12월 19일 일본 가나자와 형무소에서 사형을 당했어요.

 깊이 보기

민족의 스승, 김구의 생애

1876년 황해도 해주에서 태어난 김구는 17세에 과거 시험을 치르고 벼슬에 오르려 했지만 뜻을 이루지 못했어요. 당시 과거 시험에는 돈이나 재물을 받고 합격을 시켜 주는 등 부정과 부패가 널리 퍼져 있었거든요.

크게 실망한 김구는 동학에 들어가 해주에서 동학 농민 운동을 지휘했어요. 그러다 일본군에게 쫓겨 1895년에 만주로 몸을 피해 그곳에서 의병이 되었어요. 다음 해에 우리나라에 돌아온 김구는 일본군 중위 쓰치다를 살해하고 체포되었어요. 그러나 1898년 탈옥해 공주의 마곡사라는 절에서 승려로 지냈어요. 그러나 이듬해 절에서 나왔고, 1903년 기독교 신자가 되어 학교를 세워 교육 사업에 힘썼어요. 신민회(안창호 등이 만든 항일 비밀 결사 단체)에 가입해 독립운동을 하다가 감옥살이도 했지요.

3·1 운동이 일어난 뒤에는 임시 정부에서 일하기로 결심하고 중국 상하이로 갔어요. 1931년에는 한인 애국단을 조직해 이봉창 의사의 '일본 왕 저격 사건'과 윤봉길 의사의 '홍커우 공원 폭탄 투하 사건'을 지휘했어요.

1940년 임시 정부의 최고 직위인 주석이 되었고, '한국 광복군'이라는 군대를 만들어 독립 투쟁을 펼치기도 했어요.

1945년 김구는 일본이 전쟁에서 패하고 대한민국이 해방을 맞자 고국으로 돌아왔어요. 한반도가 남과 북으로 갈라진 뒤에는 통일 정부를 세우기 위해 노력했어요. 하지만 1949년 6월 26일 암살당하고 말았지요.

어린이 사랑을 실천한 방정환

방정환

1899년 서울에서 태어났어요. 1919년 3·1 운동이 일어나자 독립 선언문을 사람들에게 나누어 주다가 일본 경찰에게 체포되어 심문받았어요. 그 뒤 일본에서 아동 문학을 공부하고 고국에 돌아와 김기전, 이정호와 함께 '천도교 소년회'를 조직했어요. 어린이들을 위해 세계 명작 동화를 번역해 《사랑의 선물》이라는 동화집을 펴냈으며, 〈어린이〉라는 잡지를 창간했어요. 《노래 주머니》《만년샤쓰》《칠칠단의 비밀》이라는 동화를 썼어요.

소라와 냐옹 씨가 도착한 곳은 어느 동산 위였어요. 중절모자를 쓴 뚱뚱보 아저씨가 와자지껄 모인 아이들에게 둘러싸여 이야기를 들려주고 있었지요. 소라도 뚱뚱보 아저씨의 이야기를 귀 기울여 듣다가 작은 목소리로 냐옹 씨에 말했어요.

"저 이야기는 《행복한 왕자》라는 동화예요. 제가 제일 좋아하는 동화이지요. 그런데 저 뚱뚱보 아저씨는 누구예요?"

"어린이날을 만든 방정환 아저씨야."

냐옹 씨의 대답에 소라는 깜짝 놀랐어요.

"와! 어린이날을 저 아저씨가 만들었다고요?"

어린이날

어린이의 인격을 소중히 여기고, 어린이에게 꿈과 희망을 심어 주고자 제정한 기념일이에요. 1923년 5월 1일, 방정환과 색동회가 어린이날을 공포했어요. 1927년부터 5월 첫째 주 일요일로 날짜를 바꾸어 행사를 치르다가 1939년 일본의 억압으로 중단된 뒤 1946년에 다시 5월 5일을 어린이날로 정했어요.

"방정환 아저씨는 일제 강점기 때 독립운동을 하다가 나라의 미래를 위해 어린이들에게 꿈을 심어 주기 위한 운동을 했어. 1921년에는 어린이에게 존댓말 쓰기 운동을 펼쳤고, '어린이'라는 말을 처음 만들어 널리 사용하게 했어. 1922년에는 색동회라는 모임을 만들고 1923년 5월 1일을 어린이날로 정했어."

냐옹 씨의 말을 듣고 나자 소라는 방정환 아저씨가 친근하게 느껴졌어요.

"어린이를 정말 사랑하는 분인 것 같아요."

소라는 감사하는 마음으로 방정환 아저씨를 바라보았어요. 그리고 방정환 아저씨가 들려주는 이야기를 마저 들었지요. 방정환 아저씨의 이야기가 끝나자 아이들과 소라는 모두 행복한 표정을 지었어요.

"아무래도 안 되겠어요. 이번에는 꼭 방정환 아저씨와 인사를 나누고 사인을 받아야겠어요."

소라가 아이들 사이를 비집고 방정환 아저씨에게 다가갔어요.

"소라야, 같이 가!"

냐옹 씨도 소라를 부르며 따라갔지요.

소라는 방정환 아저씨에게 인사를 했어요. 그리고 어린이들을 사랑해 줘서 감사하다고 말했어요. 아이들은 자신들과 차림새가 다른 소라를 보고 신기해했어요. 하지만 소라와 아이들은 금세 어울려 신 나게 뛰어놀았어요. 냐옹 씨가 방울을 흔들자 소라는 아쉬운 마음으로 그곳을 떠났어요.

색동회

어린이를 위한 운동과 아동 문학을 연구하고 발표하던 모임이에요. 1923년 5월 1일 일본 도쿄에서 방정환을 중심으로 조직되어 〈어린이〉라는 아동 잡지를 창간했으며, 5월 1일을 어린이날로 제정하는 등 어린이들을 위해 많은 일을 했어요.

한민족의 비극, 한국 전쟁

펑 하는 소리와 함께 소라와 냐옹 씨가 도착한 곳은 바다가 보이는 어느 공원이었어요. 공원에는 탱크, 비행기, 대포가 전시되어 있었어요. 군인 아저씨들의 모습을 조각한 동상도 있었고요.

"혹시 이곳은 전쟁 기념관인가요? 그런데 바다가 보이네요."

"전쟁 기념관은 서울에 있잖아. 서울에서는 바다가 보일 리 없지. 여기는 인천에 있는 인천 상륙 작전 기념관이야. '인천 상륙 작전'은 한국 전쟁 때 유엔군 사령관인 미국의 맥아더 장군이 펼친 작전이야. 이 작전으로 국군과 유엔군은 북한군에게 점령당했던 서울과 중부 지방을 되찾고 전쟁 상황을 남한에게 유리하게 만들었어."

"그런데 한국 전쟁은 어떻게 일어나게 된 거예요?"

"이곳을 구경하며 이야기해 줄게."

소라와 냐옹 씨는 야외 전시장을 먼저 둘러보았어요. 선글라스를 낀 맥아더 장군의 조각상과 자유 수호를 기념하는 탑을 구경한 뒤, 전시관으로 들어가 한국 전쟁 때 국군과 북한군이 사용한 무기를 구경했어요.

　"독일, 이탈리아와 함께 동맹을 맺고 제2차 세계 대전을 일으킨 일본이 1945년 8월 15일 미국, 영국, 프랑스, 중국 등으로 이루어진 연합국에게 항복을 하며 한반도에서 물러났어. 그리고 대한민국은 광복을 맞았어. 그러나 한반도는 38선을 사이에 두고 남과 북으로 갈라져 통치 이념이 다른 두 개의 정부가 들어섰지. 남한에는 자본주의를 바탕으로 삼은 민주주의 정권이, 북한에는 공산주의를 바탕으로 삼은 사회주의 정권이 들어선 거야. 그러다가 1950년 6월 25일에 북한이 남한을 침략했어."

　"그 전쟁이 바로 한국 전쟁이군요."

　"그렇단다. 북한의 침략을 꿈에도 생각하지 못한 남한은 쫓기듯 낙동강까지 후퇴했지. 하지만 유엔군의 참전과 인천 상륙 작전으로 전세를 뒤집었어."

"그러면 국군과 유엔군의 승리로 전쟁이 끝났나요?"

"중국 공산당의 군대가 북한을 돕기 위해 전쟁에 참가해 국군·유엔군과 북한군·중공군 사이의 밀고 밀리는 전투가 계속되었어. 그러다가 1953년 7월 27일에 전쟁을 쉬자는 휴전 약속을 맺었어. 그렇게 해서 한반도의 남과 북을 가르는 휴전선이 놓이게 되었지."

한국 전쟁에 대한 냐옹 씨의 설명을 듣고 소라는 안타까운 마음이 들었어요. 북한군의 침입으로 같은 민족끼리 총부리를 겨누고 전쟁을 하고, 수많은 사람이 희생되어 마음이 너무 아팠어요.

휴전선

1950년 6월 25일에 일어난 한국 전쟁이 1953년 7월 27일 22시에 휴전되었어요. 그때 한반도의 가운데를 가로질러 만들어진 군사 경계선이에요.

부정과 독재에 맞선 4·19 혁명

이승만

독립 협회의 중심인물로 활동하다가 미국에 건너가 미국 정부에 일본의 한국 침략을 막아 줄 것을 호소했어요. 미국에 계속 머물면서 대학에서 공부를 했고, 대한민국 임시 정부에서도 활동했어요. 1945년 우리나라가 광복되자 귀국하여 민족 지도자로 활동했어요. 그리고 1948년 대한민국 초대 대통령이 되었어요. 한국 전쟁이 일어나자 미국과 유엔군의 도움을 받는 데 큰 역할을 했어요. 1960년까지 4번이나 대통령 자리에 있었지만 4·19 혁명으로 대통령의 자리에 물러났어요.

"3·15 선거는 부정 선거다!"

"국민을 속이는 이승만 정부는 물러나라!"

소라와 냐옹 씨가 도착한 곳에서는 학생과 시민들이 모여 행진하고 있었어요.

"여기가 어디예요? 거리를 행진하는 사람들이 뭐라고 그러는 걸까요?"

"여기는 1960년 대한민국의 서울이야. 지난 3월 15일에 대통령과 부통령을 뽑는 선거를 치렀어. 당시 대통령이었던 이승만이 자유당 대표로 또 한 번 대통령 후보로 나오고, 이승만의 비서를 지낸 이기붕이 부통령 후보로 선거에 나왔지. 그런데 자유당에서 이들을 당선시키기 위해 부정 선거를 벌인 거야."

"부정 선거? 옳지 못한 선거라는 말이잖아요."

"그래. 부정 선거는 정당하지 못한 수단과 방법으로 치러진 선거를 말해. 자유당은 선거함을 바꿔치기하고 개표함을 조작해서 자유당 후보를 대통령으로 당선시켰어."

"그래서 학생과 시민들이 저렇게 모여서 정부와 대통령에게 물러나라고 항의하는 거군요."

"4월 11일, 마산에서 3·15 선거는 무효라고 외치던 한 학생이 경찰이 쏜 최루탄에 맞아 죽는 사건이 일어났어. 그래서 전국의 학생들과 시민들이 분노했지. 그리고 이승만 대통령과 자유당 정권에 반대하는 운동을 적극적으로 펼치게 된 거야."

"그래서 어떻게 되었는데요?"

"1960년 4월 19일, 서울 시내에 있는 대학교 학생들이 공정한 선거와 민주주의를 무시하고 한 나라의 통치자가 나라를 마음대로 하는 독재 정치에 반대하는 운동을 펼쳤어. 그러자 시민들도 나서서 함께 행진을 벌이며 참가했지. 이 일을 4·19 혁명이라고 불러."

4·19 혁명

이승만과 자유당 정권은 1960년 3월 15일에 실시된 제4대 대통령 선거와 제5대 부통령 선거에서 부정 선거를 치렀어요. 그러자 1960년 4월 19일 서울의 대학생들과 시민들이 이승만과 자유당 정권을 몰아내기 위해 시위를 벌였지요. 부정과 독재에 반대하고 민주주의를 지키기 위해 일어난 이 운동을 4·19 혁명이라고 해요.

"혁명? 처음 들어 보는 말이에요."

"혁명은 국가 기초, 사회 제도, 경제 제도, 조직을 근본적으로 고치는 일을 말해. 국민들이 힘을 모아 정부를 바꾸는 것도 혁명이라고 하지."

"4·19 혁명이 일어나서 대한민국은 어떻게 바뀌었는데요?"

"이승만 대통령은 자리에서 물러났고, 자유당 정권도 무너졌어. 국회에서는 대통령 중심제에서 의원 내각제로 헌법을 바꾸었어. 헌법이 바뀌면서 대한민국은 제2공화국을 맞이했어. 국민들의 힘으로 부정과 독재를 물리치고 민주주의 시대를 연 거야."

소라는 혁명이나 민주주의가 어떤 것인지는 잘 몰랐지만 국민이 스스로 힘을 모아서 잘못을 저지른 정부와 맞선 것은 무척 용기 있는 행동이라고 생각했어요.
"소라야, 이제 대한민국의 경제가 어떻게 성장하는지 구경하러 가 볼까?"
"경제 성장? 대한민국이 부자 나라가 되었다는 말이에요?"
"그래. 어서 순간 이동을 하자."
냐옹 씨는 힘차게 방울을 흔들어 소라와 함께 순간 이동을 했어요.

 깊이 보기

알쏭달쏭 어려운 용어들

남한과 북한의 사회·경제 체제는 달라요. 51쪽에 나온 자본주의와 공산주의가 어떻게 다른지 알아볼까요?

우리나라 국민들은 4·19 혁명을 통해, 독재 정치를 하던 이승만과 자유당 정권을 몰아내고, 정부의 정치 제도를 변화시켰어요. 56쪽에 나온 대통령 중심제와 의원 내각제가 어떻게 다른지 알아볼까요?

세계도 놀란 대한민국의 경제 성장

펑 하는 소리와 함께 소라와 냐옹 씨가 도착한 곳은 서울의 남산 전망대였어요.

"언제 이렇게 서울 모습이 변했을까? 정말 놀라워!"

소라와 냐옹 씨는 전망대 창가로 가서 서울 시내를 내려다보았어요. 소라가 이쪽저쪽을 둘러보다가 고개를 갸우뚱하며 냐옹 씨에게 말했어요.

"아무리 둘러봐도 63빌딩이나 한국 종합 무역 센터 건물이 보이질 않아요."

"지금 우리는 1977년의 서울을 구경하고 있어. 63빌딩과 한국 종합 무역 센터 건물을 짓기 전이지."

그때 한 외국인 관광객이 말했어요.

"오! 한강의 기적이라는 말이 틀린 말은 아니군."

옆에서 그 말을 들은 소라가 냐옹 씨에게 물었어요.

"한강의 기적이 뭐예요?"
"한국 전쟁 이후 잿더미가 된 대한민국은 정부와 국민의 노력으로 눈부신 경제 발전을 이루어 냈어. 세계는 이를 한강의 기적이라고 불렀단다."

경제 개발 5개년 계획

1962년부터 1981년까지 국민 경제 발전을 위해 5년 단위로 추진한 경제 계획이에요. 이 기간 동안 경제는 매년 10퍼센트 정도로 성장했어요. 1962년부터 1966년까지 제1차 경제 개발 5개년 계획 때에는 기간산업과 사회 간접 자본을 개발해 경제의 기초를 다졌어요. 기간산업은 전력, 철강, 석유, 가스 등 산업의 기초가 되는 산업이에요. 사회 간접 자본은 도로, 항만, 철도, 전력, 통신, 수도 등 공공시설을 말해요.

소라는 한강의 기적에 대한 설명을 듣자 부끄러운 듯 머리를 긁적이며 말했어요.

"한강의 기적은 대한민국의 경제 발전을 일컫는 말이었군요. 저는 그것도 모르고……. 헤헤."

"그래, 기적은 대한민국의 눈부신 경제 성장을, 한강은 대한민국을 나타내는 말로 쓴 거야. '경제 개발 5개년 계획'과 '새마을 운동'을 하면서 정부와 국민이 피땀을 흘렸기 때문에 가능한 일이었지."

"한강의 기적! 정말 멋진 말인 것 같아요."

"다른 나라의 도움을 받아 어렵게 나라 살림을 꾸려 가던 대한민국이 기술을 발전시키고 수출을 통해 빠른 속도로 경제 성장을 이룬 것은 거의 기적 같은 일이었지."

"어려움을 이겨 내려는 우리 민족의 끈기가 대단해요. 세계도 깜짝 놀랄 정도라니 자랑스럽기도 하고요."

"경제뿐 아니라 여러 분야에서 대한민국의 눈부신 발전은 계속돼, 쭉!"

냐옹 씨는 그 뒤의 대한민국의 모습을 보러 가자며 방울을 흔들었고, 소라와 냐옹 씨는 펑 하는 소리와 함께 사라졌어요.

새마을 운동

1970년부터 시작된 지역 사회 개발 운동이에요. 농촌을 개발하여 도시처럼 발전을 이루게 하려는 '농촌 잘살기 운동'이에요. 시골의 초가지붕을 슬레이트 지붕으로 바꾸고, 마을 길을 넓히고, 하천을 정비하는 등 농촌을 가꾸는 데 노력했어요.

민주주의를 위해 거리로 나선 시민들

직선제와 간선제

직선제는 국민이 직접 투표를 해서 대표를 뽑는 '직접 선거 제도'를 말하고, 간선제는 국민이 선거를 대신할 사람을 뽑으면 그 사람들이 국민의 대표를 뽑는 '간접 선거 제도'를 말해요.

소라와 냐옹 씨가 다음으로 도착한 곳은 가전제품을 판매하는 가게 앞이었어요. 가게에 진열된 텔레비전 앞에 사람들이 모여서 심각한 표정을 짓고 있었지요.

"친애하는 국민 여러분. 저는 국민들의 뜻과 요구에 따라 국민이 대통령을 직접 선출하는 대통령 직선제를 실시하도록 헌법을 개정하겠습니다. 또한 누구나 자유롭게 대통령 선거에 출마하고, 대통령 후보들의 공정한 경쟁이 보장되도록 대통령 선거법을 개정하겠습니다."

그 말을 들은 사람들은 일제히 환호성을 질렀어요.

"대한민국 만세!"

"민주주의 만세!"

저 사람은 누구예요?

내가 차근차근 설명해 줄게.

소라는 텔레비전에 나온 사람이 누구인지, 그 사람이 한 말이 무슨 말인지 알 수가 없어서 어리둥절한 표정만 짓고 서 있었지요. 사람들이 환호성을 지르는 이유도 알 수 없었어요.

"1961년에 군사 정변을 일으켜 권력을 잡은 박정희는 대통령의 자리에 올라 이리저리 헌법을 바꾸며 20년 가까이 대통령 자리에 있었어. 그러던 중에 1979년 10월 26일 박정희 대통령이 총에 맞아 죽임을 당했어. 그 뒤 민주적인 절차에 따라 새로운 정부가 들어서는 대신에 전두환과 노태우가 이끄는 새로운 군인 세력이 다시 권력을 손에 넣고 나라를 다스리기 시작했지."

민주화 운동

군사 독재 정치와 같은 비민주적인 정치 체제에 저항하여, 민주주의 확립을 위해 벌이는 모든 활동을 말해요. 우리나라에서는 1948년에 대한민국 정부가 수립된 이후 이승만, 박정희, 전두환 등 독재를 하는 대통령들을 물러나게 하기 위한 민주화 운동이 활발하게 진행되었어요.

냐옹 씨의 설명이 계속 이어졌어요.

"그래서 시민과 학생들이 정치적으로 민주주의를 이루기 위해 운동을 벌였어. 1980년에는 광주에서, 1987년에는 서울에서 학생과 시민들이 민주화 운동을 벌였지. 국민들의 민주화 운동이 점점 거제지자 당시 권력을 잡고 있던 여당의 대표이자 대통령 후보인 노태우가 국민의 요구에 따라 대통령을 국민이 직접 선출할 수 있도록 선거 제도를 바꾸겠다는 선언을 한 거야. 이 선언은 1987년 6월 29일에 발표해서 6·29 선언이라고 불러."

"결국 국민들의 운동으로 민주주의가 이루어진 것이군요!"

"그래, 그 뒤로 대한민국은 아시아에서 가장 모범적인 민주주의 국가가 되었어. 이것은 세계 민주주의 역사에도 길이 남을 업적이지."

소라는 대한민국이 민주주의의 모범이 되었다는 말을 듣고는 또 한 번 자랑스러운 마음이 들었어요. 그리고 그 마음은 다음 장소로 순간 이동을 할 때까지 쉽게 사그라지지 않았어요.

세계기록유산, 5·18 민주화 운동 기록물

국제 연합의 교육 과학 문화 기구인 유네스코에서는 전 세계의 귀중한 기록물을 보존하고 잘 이용하기 위해 1997년부터 2년마다 가치가 있는 기록유산을 뽑고 있어요. 우리나라의 훈민정음, 《조선왕조실록》《직지심체요절》《승정원일기》〈팔만대장경〉,《조선왕조 의궤》《동의보감》《일성록》 등 고려와 조선 시대의 기록물들이 유네스코 세계기록유산으로 올라 있어요. 2011년 5월에 유네스코 세계기록유산으로 새롭게 오른 기록물이 있는데, 바로 5·18 민주화 운동 기록물이에요. 5·18 민주화 운동 기록물은 다음의 아홉 가지 주제로 구분해 보관하고 있어요.

1. 국가 기관이 만든 5·18 민주화 운동 자료 (국가 기록원, 광주광역시 소장)
2. 군사법 기관 재판 자료, 김대중 내란 음모 사건 자료 (육군 본부 소장)
3. 시민들이 만든 성명서, 선언문, 취재 수첩, 일기 (광주광역시 소장)
4. 흑백 필름, 사진 (광주광역시, 5·18 기념 재단 소장)
5. 시민들의 기록과 증언 (5·18 기념 재단 소장)
6. 피해자들의 병원 치료 기록 (광주광역시 소장)
7. 국회의 5·18 광주 민주화 운동 진상 규명 회의록 (국회 도서관 소장)
8. 국가의 피해자 보상 자료 (광주광역시 소장)
9. 미국의 5·18 광주 민주화 운동 관련 문서 (미국 국무성, 국방부 소장)

5·18 민주화 운동은 우리나라의 민주화뿐 아니라 필리핀, 태국, 베트남 등 아시아 여러 나라의 민주화 운동에도 큰 영향을 주었어요.

세계 평화의 장, 88 서울 올림픽

"와! 무슨 운동장이 이렇게 커요?"

소라가 주변을 빙 둘러보며 말했어요.

"이곳은 서울의 잠실에 세워진 올림픽 주 경기장이야. 지금 이곳에서는 서울 올림픽 경기의 개막식이 열리고 있단다."

"1988년에 개최되었던 서울 올림픽?"

소라가 대꾸를 하자 냐옹 씨가 놀란 표정을 지으며 말했지요.

"우아! 소라가 88 서울 올림픽을 다 아는구나."

"아빠에게 들은 적이 있어요. 지금까지 개최된 올림픽 대회 중에 가장 멋진 대회가 바로 서울 올림픽이었다고요."

"그렇지. 제24회 올림픽 경기 대회인 88 서울 올림픽을 멋진 대회였다고 말하는 이유는 세계 평화와 세계인들의 화합에 큰 도움을 주었기 때문이란다."

"서울 올림픽이 세계 평화에 어떻게 도움을 주었는데요?"

"서울 올림픽이 열리기 전 16년 동안 올림픽 대회에는 올림픽 개최국과 이념이 다른 국가들이 거의 참가하지 않았어. 그런데 서울 올림픽은 미국, 일본 등 자유주의 국가의 선수들과, 소련, 쿠바 등 사회주의 국가의 선수들이 함께 참가해 스포츠를 통해 우정을 나누었어. 이념을 떠나서 정정당당하게 실력을 겨루고 함께 어울리는 선수들의 모습을 보며 전 세계인들은 세계 평화에 관심을 기울이게 되었단다."

소라는 냐옹 씨의 설명을 듣고 고개를 끄덕였어요. 그리고 경기장에서 펼쳐지는 개막식 행사를 구경했어요. 수천 명의 태권도 시범단이 펼치는 태권도 격파 시범, 한국 민속놀이 공연과 전통 음악과 춤 공연이 펼쳐졌고, 가수들의 노래에 맞춰 운동장에 모인 선수들이 모두 손에 손을 잡고 흥겹게 노래를 따라 불렀지요. 수많은 관객은 아낌없는 박수를 보냈지요.

"88 서울 올림픽은 지구촌에 대한민국의 전통문화와 눈부시게 발전한 경제력을 알리며 대한민국의 위상을 크게 높이기도 했지."

소라는 대한민국의 아름다운 문화와 발전된 모습을 세계에 알리는 현장에 있는 것이 무척 기쁘고 자랑스러웠어요.

금 모으기 운동과 외환 위기 극복

"사람들이 길게 줄을 서 있어요. 사람마다 손에 무언가를 들고 있어요."
소라가 냐옹 씨에게 말했어요.

소라와 냐옹 씨가 도착한 곳은 어느 조그마한 은행이었어요. 은행의 여러 창구 중 한 창구 앞에만 사람들이 길게 줄을 서 있었지요. 사람들은 통장 대신에 손수건만 한 보자기와 작은 주머니를 들고 있었지요.

소라는 사람들이 줄을 서 있는 이유를 알아보려고 성큼성큼 창구 앞으로 걸어갔어요. 창구 앞에 세워 둔 푯말에는 이렇게 적혀 있었지요.

'외환 위기 극복을 위한 금 모으기 운동'

소라가 냐옹 씨에게 다시 말했어요.

사은품을 나눠 주는 행사인가 봐요. 줄이 꽤 길어요!

글쎄, 과연 그럴까?

"지금 외환 위기 극복을 위해 금 모으기 운동을 하는 중이래요. 외환 위기가 무엇이기에 사람들이 이렇게 금을 모으는 운동을 벌이는 거예요?"

"다른 나라와 무역에 필요한 외환이 부족해 국가 경제에 큰 어려움이 닥치는 것을 외환 위기라고 해. 우리나라는 경제 성장을 계속하다가 1997년에 외환 위기 상황을 맞게 되었어. 이를 해결하기 위해 우리나라는 당시 국제 통화 기금(IMF)이라는 곳에서 많은 외환을 빌렸어."

국제 통화 기금(IMF)

1947년 3월에 설립한 국제 연합의 전문 기관 중 하나예요. 가맹국의 자본으로 공동의 기금을 만들어서 여러 나라에서 이 기금을 이용할 수 있도록 했지요. 이렇게 해서 외화 자금을 원활히 조달하고, 세계 각국의 경제적 번영을 돕기 위해 설립한 국제 금융 결제 기관이에요.

우리 아이 돌 반지인데, 도움 될까 해서 가져왔어요.

"그럼 금 모으기 운동은 왜 했어요?"

"국민들이 금을 모아 외국에 팔려고 한 것이야. 나라가 빌린 외화를 빨리 갚는 데 도움을 주려고 한 것이지."

"금 모으기 운동은 나라의 경제를 살리기 위해 국민들이 앞장선 운동이군요!"

"그렇지. 이젠 정리도 딱딱 잘하는구나! 외환 위기를 이겨 내기 위해 금 모으기 운동뿐 아니라 물자를 절약하는 생활을 했고, 근로자들은 임금의 일부를 회사를 살리는 데 보태고 더욱 열심히 일을 했지. 정부에서는 경영 상태가 안 좋고 자금 사정이 좋지 못한 기업을 정리했고, 기업은 스스로 조직이나 규모를 줄이면서 회사를 알차게 만들려는 노력을 했어."

"그래서 위기는 극복했나요?"

"물론이지. 정부와 기업, 국민이 뜻을 모으고 힘을 다해 노력한 결과 세계가 놀랄 정도로 빠른 시간에 외환 위기를 극복했어. 세계 여러 나라들은 대한민국을 경제 위기를 훌륭히 극복한 본보기로 꼽고 있지."

"우아!"

소라가 박수를 치며 환호성을 지르자 은행에 모인 사람들이 일제히 소라와 냐옹 씨를 쳐다보았어요.

"고양이도 은행에 출입할 수 있나?"

사람들이 냐옹 씨를 보고 얼굴을 찌푸리자, 냐옹 씨는 소라를 데리고 다른 곳으로 순간 이동을 했어요.

꿈은 이루어진다! 2002년 월드컵

"대한민국! 짝짝 짝 짝짝!"

"대한민국! 짝짝 짝 짝짝!"

소라와 냐옹 씨가 도착한 곳은 온통 붉은 물결이었어요. 붉은 색 티셔츠를 입은 수많은 사람이 태극기를 들고 거리를 꽉 메우고 있었어요. 이순신 장군의 동상이 붉은 물결 가운데 우뚝 솟아 있었고, 그 뒤로 경복궁과 웅장한 북악산의 모습이 펼쳐져 있었어요.

"와!"

소라는 눈앞에 펼쳐진 광경을 보고 놀라서 어쩔 줄을 몰랐어요. 옆에 있던 냐옹 씨가 큰 소리로 소라에게 말했지요.

"지금은 2002년 6월이고, 이곳은 광화문 앞이란다."

"왜 사람들이 모두 붉은 색 옷을 입고 태극기를 들고 나왔어요?"

"지금 대한민국에서 제17회 월드컵 축구 대회가 열리고 있어. 아시아에서는 처음으로 월드컵을 개최하는 거야. 대한민국과 일본이 공동으로 개최해서 한일 월드컵이라고 부른단다. 이곳 열기가 무척 뜨겁지? '붉은 악마'라는 응원단을 중심으로 시민이 모두 붉은 옷을 입고 열렬하게 대한민국 국가 대표팀의 축구 경기를 응원하는 중이야."

"수많은 사람이 마치 약속이라도 한 듯 질서 있게 하나 되어 응원하는 모습이 정말 멋져요."

"2002년 한일 월드컵에서 대한민국 국가 대표팀은 4강에 오르는 뛰어난 성적을 냈어. 세계인들은 대한민국의 성적에 한 번 놀라고, 수만 명의 시민이 질서를 지키며 열정적으로 응원을 하는 모습을 보고 또 놀랐지. 시민들은 응원이 끝난 뒤에는 쓰레기를 모두 스스로 깨끗이 치우는 수준 높은 시민 의식을 보여 주었단다."

"지금 전 자랑스러운 대한민국을 응원할 수 있다는 것이 너무 신 나요, 냐옹 씨!"

소라도 사람들과 함께 힘차게 소리 지르며 박수를 쳤어요.

"대한민국! 짝짝 짝 짝짝!"

"대한민국! 짝짝 짝 짝짝!"

냐옹 씨는 소라에게 이곳이 역사 여행의 마지막 장소라는 것을 이야기해 주는 것도 잊은 채 소라와 함께 신 나게 대한민국을 응원했지요.

"대한민국 짝짝 짝 짝짝!"

"대한민국 짝짝 짝 짝짝!"

소라는 수많은 태극기가 펄럭이는 광장에서 얼마 전에 본 만세 운동을 떠올렸어요. 그리고 국민의 마음이 이처럼 뜨겁게 하나가 된다면, 대한민국에는 앞으로도 자랑스러운 역사가 가득할 것이라는 생각이 들었지요.

그때 우리나라와 다른 곳에서는 무슨 일이 있었을까?

우리나라	연도	세계
을사조약 체결	1905년	
고종, 헤이그에 특사 파견	1907년	
한일 병합 조약 체결 대한 제국, 일본에 병합	1910년	
	1914년	제1차 세계 대전 발발(~1918)
3·1 운동, 임시 정부 수립	1919년	
청산리 전투, 봉오동 전투	1920년	
	1921년	중국 공산당 성립
	1922년	소련 성립
6·10 만세 운동	1926년	
광주 학생 항일 운동	1929년	
	1933년	히틀러, 독일 총리 취임
	1938년	독일, 오스트리아 병합
	1939년	제2차 세계 대전 시작

우리나라	연도	세계
	1941년	태평양 전쟁 발발(~1945)
대한민국 광복	1945년	일본, 무조건 항복 국제 연합(UN) 성립
대한민국 정부 수립	1948년	
한국 전쟁 발발	1950년	
4·19 혁명	1960년	
경제 개발 5개년 계획 실시	1962년	
	1969년	
5·18 민주화 운동	1980년	이란-이라크 전쟁
대통령 직선제 실시	1987년	
88 서울 올림픽 개최	1988년	
	1989년	베를린 장벽 붕괴
	1995년	세계 무역 기구(WTO) 출범
외환 위기	1997년	
	1998년	아시아 경제 위기
2002년 한일 월드컵 개최	2002년	

역사야, 친구하자 ❺ 대한 독립을 위해 싸운 영웅 안중근

1판 1쇄 발행 | 2012. 8. 27.
1판 2쇄 발행 | 2023. 1. 11.

지호진 글 | 한용욱 그림

발행처 김영사 | **발행인** 고세규
등록번호 제 406-2003-036호 | **등록일자** 1979. 5. 17.
주소 경기도 파주시 문발로 197(우10881)
전화 마케팅부 031-955-3100 | 편집부 031-955-3113~20 | 팩스 031-955-3111

© 2012 지호진, 한용욱, YNT
이 책의 저작권은 저자에게 있습니다.
저자와 출판사의 허락 없이 내용의 일부를 인용하거나 발췌하는 것을 금합니다.

값은 표지에 있습니다.
ISBN 978-89-349-5269-5 74900
ISBN 978-89-349-5270-1 (세트)

좋은 독자가 좋은 책을 만듭니다.
김영사는 독자 여러분의 의견에 항상 귀 기울이고 있습니다.
전자우편 book@gimmyoung.com | 홈페이지 www.gimmyoungjr.com

어린이제품 안전특별법에 의한 표시사항
제품명 도서 제조년월일 2023년 1월 11일 제조사명 김영사 주소 10881 경기도 파주시 문발로 197
전화번호 031-955-3100 제조국명 대한민국 ⚠주의 책 모서리에 찍히거나 책장에 베이지 않게 조심하세요.